DISCOURS

PRONONCÉ LE 19 DÉCEMBRE 1896

A LA SÉANCE SOLENNELLE DE RENTRÉE

DE LA

CONFÉRENCE DES AVOCATS DE MARSEILLE

PAR

Me J.-B. RIPERT

AVOCAT

———

Imprimé en vertu d'une délibération du Conseil de discipline
en date du 22 Janvier 1897

———

LA MÉTHODE

DE LA

SCIENCE JURIDIQUE

———

MARSEILLE

TYPOGRAPHIE ET LITHOGRAPHIE BARTHELET ET Cie
19, Rue Venture, 19

—

1897

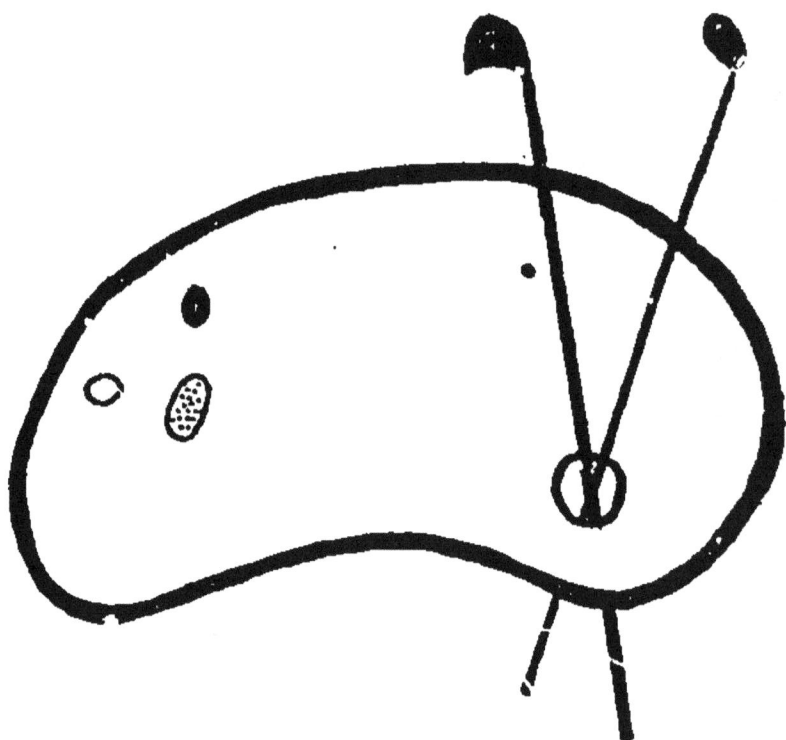

**FIN D'UNE SERIE DE DOCUMENTS
EN COULEUR**

RENTRÉE

DE LA

CONFÉRENCE DES AVOCATS DE MARSEILLE

DISCOURS

PRONONCÉ LE 19 DÉCEMBRE 1896

A LA SÉANCE SOLENNELLE DE RENTRÉE

DE LA

CONFÉRENCE DES AVOCATS DE MARSEILLE

PAR

Mᵉ J.-B. RIPERT

AVOCAT

Imprimé en vertu d'une délibération du Conseil de discipline
en date du 22 Janvier 1897

LA MÉTHODE

DE LA

SCIENCE JURIDIQUE

MARSEILLE

TYPOGRAPHIE ET LITHOGRAPHIE BARTHELET ET Cⁱᵉ
19, Rue Venture, 19

—

1897

LA MÉTHODE

DE LA

SCIENCE JURIDIQUE

DISCOURS

Prononcé à la Séance Solennelle de Rentrée de la Conférence
des Avocats de Marseille

MONSIEUR LE BATONNIER,

MESSIEURS ET CHERS CONFRÈRES,

En quelque matière que s'exerce l'activité de l'esprit
humain, une des conditions essentielles pour qu'elle
arrive au but qu'elle se propose et que ses efforts
aménent des résultats effectifs, c'est de procéder
avec ordre.

L'ordre est le souverain régulateur du génie
humain. Les facultés intuitives de ce dernier, dont
l'importance est certainement considérable, ne

seraient cependant pas suffisantes à lui assurer la conquête de la vérité. Il faut qu'il y ajoute d'autres qualités qui se résolvent en une recherche patiente, raisonnée, soutenue de cette même vérité qui peut quelquefois, mais rarement, lui apparaître dans de soudaines lueurs d'intelligence.

Et c'est ici que le besoin se fait impérieusement sentir d'une marche régulière, bien ordonnée en même temps que pleinement consciente d'elle-même pour s'acheminer vers l'inconnu.

Procéder avec ordre est une qualité moins banale qu'on pourrait le croire au premier abord; c'est pénétrer la succession logique et nécessaire des choses en dehors de laquelle on s'égare infailliblement. Et si dans les occupations ordinaires de la vie, cet ordre est du premier coup à la portée d'à peu près tout le monde, dans le domaine des choses intellectuelles il exige souvent pour se laisser découvrir de grands efforts et un temps considérable.

En matière scientifique, l'ordre s'appelle la méthode et une méthode peut se définir un ensemble de règles et de moyens propres à nous amener à un but déterminé. Si, d'autre part, une science est un ensemble de lois ou de vérités immuables sur un même objet, nous pourrons dire en combinant ces deux définitions, que la méthode d'une science c'est

l'ensemble des règles et des moyens propres à nous
amener à la découverte des vérités qui la constituent.

L'importance des méthodes scientifiques est capi-
tale. Sans doute, s'il faut laisser à ce génie intuitif,
dont je parlais tout à l'heure, tout son mérite et toute
sa portée, il faut bien reconnaître que ses découvertes
sont le résultat de bonheurs inespérés, qu'il les doit
à un hasard merveilleux plutôt qu'à des procédés
réguliers, qu'au surplus elles sont peu fréquentes et
ne constitueraient pas à elles seules un tout scientifique complet.

Du reste, il ne faut pas s'y méprendre, ces heureu-
ses manifestations du génie ne sont pas exemptes de
qualités méthodiques. Pour être cachées et la plupart
du temps inconscientes, on ne les y remarque pas
moins à un examen attentif Mais on ne saurait donner le nom de méthode qu'à un ensemble de règles
nettement dégagées et coordonnées. Et c'est cet
ensemble de règles qui, servant de guide au génie,
vient accroître ses forces, limitées quand il agit seul,
et l'aider à marcher sans fatigue à d'incessantes
découvertes.

Une science ne saurait se constituer en dehors de
sa vraie méthode. Mais tandis qu'en ce qui concerne
les sciences exactes il n'y a pas de moyen terme,
elles existent si on les édifie par l'emploi de leur

méthode ou elles n'existent pas du tout sans cela;
en ce qui touche les sciences sociales il n'est que trop
facile de construire des systèmes et des semblants de
science avec de simples conceptions imaginatives et
en se reposant seulement sur de séduisantes erreurs,
auxquelles on attachera, au moins pour un temps,
toute la foi due à des vérités bien fondées. Tandis
qu'une science exacte est ou n'est pas, on peut croire
à l'existence d'une science moins rigoureuse dans
ses principes, alors qu'on se trouve simplement en
face d'un tissu d'erreurs.

C'est ce qui explique qu'une découverte mathématique, par exemple, n'est pas en elle-même susceptible de progrès. Elle est ou elle n'est pas. Tandis.
qu'une formule juridique peut très bien, en dehors
des transformations qui naissent de besoins nouveaux, changer du tout au tout, et la conception
première, reconnue erronée, s'effacer pour faire place
à une conception nouvelle plus proche de la vérité.
C'est pour la même raison que, tandis que la méthode
des sciences exactes a été et sera toujours la même,
la méthode des autres sciences a changé avec le
temps et le progrès. On avait débuté par l'erreur,
on arrive à peine de nos jours à la vérité.

On comprend le danger. Il vaut encore mieux
ignorer que mal savoir.

C'est pourquoi l'utilité de la méthode, quoique essentielle dans n'importe quel ordre de connaissances, a encore une portée plus grande en ce qui regarde les sciences dont le caractère n'est pas de frapper du premier coup l'entendement par leur précision, et dans lesquelles on a sans cesse besoin de revenir aux principes directeurs de procédés logiques et sûrs d'eux-mêmes.

Le droit est une de ces sciences-là.

L'importance de sa méthode est en raison directe de l'importance du but social du droit lui-même. Et, en vous entretenant d'un pareil sujet, j'ai voulu, Messieurs, non seulement satisfaire votre curiosité scientifique, mais encore effleurer une matière qui, par bien des points, touche aux côtés les plus élevés de notre profession et aux intérêts les plus sérieux de toute société.

Le but du droit est de maintenir l'harmonie sociale. Il consiste à ériger en règles obligatoires pour tous certains préceptes, afin d'en imposer l'observation à ceux qui pourraient les méconnaître ou les ignorer.

La règle ainsi formulée appelle nécessairement après elle, pour ne pas demeurer lettre morte, l'application régulière d'une sanction, à quiconque ne s'y soumet pas volontairement. C'est en édictant la règle de droit, en tenant la main à ce qu'elle soit respectée qu'on atteint le but poursuivi. Mais, de ce que le droit a pour objet le maintien de l'harmonie sociale, il s'en suit évidemment, nous y reviendrons plus loin, qu'il repose sur un fondement naturel. Ses dispositions obligatoires ne doivent pas avoir d'autre fin que de protéger ou de favoriser l'exercice de toutes nos facultés.

Nous avons besoin d'un droit, mais d'un droit qui corresponde à nos besoins.

Arbitraire ou fantaisiste, il peut s'imposer dans une certaine mesure par la force, mais il n'obtient ni l'approbation ni la soumission générales et peut devenir un danger. C'est assez dire qu'avant de prescrire, en vue de l'appliquer, une règle comportant au besoin une contrainte, il est essentiel de s'enquérir de la nécessité et de la justesse d'une pareille mesure, et pour lui donner le plus de perfection possible, de rechercher et d'examiner le fondement naturel sur lequel elle repose. En d'autres termes, avant de consacrer le droit, il faut le rechercher, le découvrir.

Découverte, consécration et application du droit, voilà depuis sa naissance jusqu'à son but final, le développement de ce qu'on appelle le phénomène juridique. Ce sont là les trois opérations qui constituent la grande œuvre sociale du maintien de l'ordre par le droit. Elles s'appellent nécessairement l'une l'autre et chacune d'elles correspond à un effort spécial de l'esprit humain.

De ces trois opérations, il n'y a de vraiment scientifique, au sens exact de ce mot, que la découverte du droit, c'est-à-dire, la recherche de ses vérités fondamentales. Les deux autres ne sont guère que la mise en pratique des données de la science. La consécration du droit et son application une fois consacré sont des actes d'autorité et d'exécution. Elles ont aussi leurs règles et leurs méthodes, mais elles constituent des arts plutôt que de vraies sciences. Aussi nous les laisserons de côté, pour nous en tenir uniquement à l'étude de la méthode de la découverte du droit, la seule des trois phases du phénomène juridique qui mérite le nom de science.

Découvrir le droit, je l'ai déjà dit, c'est en trouver les vérités fondamentales, vérités absolues, qui, étant donné les mêmes circonstances, doivent demeurer toujours les mêmes. C'est le propre d'une science de ne reposer que sur des vérités immuables. Lorsqu'on dit, par exemple, qu'un contrat ne se forme que par la rencontre de deux consentements valablement donnés, c'est bien là une vérité absolue, indépendante du temps et du lieu où elle est formulée, existant en dehors de nous et malgré nous ; éternelle et universelle, elle a bien le caractère d'une vérité scientifique. Et bien que le droit soit de sa nature variable selon nos besoins et le progrès, ses transformations n'empêchent pas qu'il ne doive reposer sans cesse au cours de son évolution sur des vérités, qui elles ne changent pas. Les événements seuls changent, nécessitant des recherches et des dispositions nouvelles, mais ce qui a été une fois l'expression de la vérité n'est pas susceptible de modification. C'est en ce sens que les vérités du droit doivent être immuables malgré son évolution.

Pour dégager la méthode de la découverte du droit, ou de la science juridique, il est nécessaire de définir cette dernière d'en déterminer la nature, le but et l'objet. C'est faute d'avoir exactement connu le fondement réel et les origines naturelles du droit, que la plupart des écoles juridiques sont tombées dans l'erreur en ce qui touche sa méthode. C'est là une question préalable qu'on ne saurait résoudre avec trop de soin, sur laquelle il va nous falloir insister quelque peu, et à propos de laquelle il n'y a pas à regretter de s'attarder, car elle contient en elle-même la solution de notre problème, et c'est d'elle que va découler en grande partie l'exacte détermination des procédés qui doivent servir à la découverte des vérités juridiques.

Qu'est-ce donc que la science juridique ? Qu'est-ce donc que le droit en tant que science ?

L'homme, par le seul fait qu'il existe, a des facultés naturelles à satisfaire. En poursuivant leur complet développement, il obéit à une nécessité. Mais à côté de l'homme isolé, à côté de l'individu, il y a la société. Aussi bien que l'individu, elle a ses fonctions et ses besoins naturels.

Ils se distinguent l'un de l'autre en ce que l'individu poursuit son bien propre, tandis que la société a en vue une collection d'intérêts, en ce que l'individu est éphémère et passager, tandis que la société est sinon perpétuelle au moins plus durable. Il y a une vie individuelle, consistant dans les actes accomplis par l'individu dans son unique intérêt, comme le fait de travailler, d'épargner, de s'approprier, d'engager certains rapports avec ses semblables, et une vie sociale, se rapportant plutôt à l'accomplissement des fonctions de l'espèce, comme le fait de s'organiser en société, de veiller à la conservation générale, de se perpétuer et de progresser dans les meilleures conditions possibles, sinon en dehors au moins à côté de l'individu lui-même qui disparaît et se renouvelle.

Mais s'il est possible de distinguer une vie individuelle d'une vie sociale et de constater qu'elles ne se confondent pas, il est nécessaire de remarquer qu'elles ne sont pas pour cela étrangères l'une à l'autre. Il existe entre elles des rapports étroits. Si l'individu se distingue de la société lorsqu'on le considère isolé, par rapport à la masse de ses semblables, d'un autre côté, chaque individu est un membre de ce vaste organisme qui s'appelle la société.

Or, la vie de l'organe est évidemment liée à la vie de l'organisme. Et ce dernier pour vivre et se maintenir, doit nécessairement assurer la vie de chacun de ses membres, de même que l'organisme individuel doit assurer la vie de chacune des parties de lui-même.

Tout organisme exige deux choses : la force et l'équilibre. La force, c'est-à-dire le complet développement de chacun de ses membres et l'équilibre, c'est-à-dire leur développement égal.

Mais il n'est pas d'organisme qui pourvoie par lui-même aux besoins vitaux de chacun des organes qui le composent. Pour leur distribuer la force dont il s'agit, il lui faut d'abord l'aliment producteur de cette dernière. Notre corps, par exemple, distribue par voie organique la nourriture que nous lui servons. Pour en faire autant, la société devrait de même recevoir au préalable l'aliment nécessaire, c'est-à-dire tout ce qu'elle pourrait fournir à l'individu pour la satisfaction de ses besoins. Mais qui lui procurerait cet aliment sinon l'individu lui-même ? De sorte qu'en définitive elle ne lui donnerait d'une main que ce qu'elle lui aurait pris de l'autre. Il est plus simple et plus conforme à l'ordre naturel des choses qu'elle lui laisse, une fois acquis, le résultat de ses efforts et de son labeur. Sans compter les difficultés fondamentales inhérentes à tout autre système et qui en entraveraient le fonctionnement.

C'est donc un fait naturel que l'individu doit se préoccuper de ses propres besoins.

L'homme doit acquérir lui-même ce qui est indispensable à son existence. Il lui faut lutter, s'agiter, engager des rapports avec ses semblables pour arriver à ce but. C'est là ce qui constitue la vie individuelle. Et il est nécessaire de lui laisser toute la liberté que suppose un pareil état de choses.

De plus, une particularité propre à l'organisme social, c'est que chacun de ses membres n'est pas confiné à une vie végétative, mais est doué d'une volonté et d'une intelligence. Or, dans tout organisme, il doit, nous venons de le dire, régner un équilibre naturel qui demande à n'être point troublé, sous peine de porter atteinte à l'économie de l'organisme tout entier.

S'il est nécessaire que chacun recherche librement le plus complet développement de ses facultés naturelles, il ne faut pas, cependant, qu'un ou plusieurs membres de l'organisme social se développent au détriment d'autres membres voisins, car, lorsque l'un d'eux a pu bénéficier de ce qu'un autre a perdu, la société, elle, n'a rien gagné : elle a simplement vu disparaître l'équilibre naturel nécessaire à son bon fonctionnement.

Mais les membres de l'organisme social sont doués de facultés telles qu'ils sont portés à détruire cet équilibre dans un but d'intérêt individuel. L'ordre ne se maintient pas fatalement là où il se rencontre une volonté et une intelligence qui, mises très souvent au service d'un égoïsme instinctif, peuvent amener l'individu à dépasser dans son intérêt personnel les limites assignées par l'ordre naturel des choses.

Il appartient à la société de prendre garde à ce qu'un pareil désordre ne se produise pas, tout être devant veiller lui-même à sa conservation. Elle doit s'efforcer de maintenir l'équilibre organique dont dépend sa propre existence. Elle y a un intérêt vital incontestable. Si une manifestation quelconque se produit allant à l'encontre de cet intérêt, elle la réprimera, c'est son droit. Elle mourrait de n'en pas user.

Mais, ce qui pour elle est un droit se résout en une protection pour l'individu lorsque les intérêts de ce dernier sont menacés.

La faculté individuelle de se développer, c'est la
liberté. L'empêchement que la société peut mettre à
un développement qui ne se produirait qu'au détriment d'un autre est une restriction à la liberté. Mais,
comme cette restriction est en somme une protection,
il est évident qu'elle tend au bien de tous, et, en
définitive, si la société peut s'opposer à l'abus que
l'individu serait porté à faire de sa liberté, c'est d'une
façon indirecte dans son propre bien, car, après
avoir réfréné ses tendances à exagérer sa personnalité, dans des circonstances inversement analogues
la société sera sa protectrice naturelle ; et lorsqu'elle
intervient pour jouer ce rôle, ce n'est nullement
pour empêcher un développement, mais au contraire
en dernière analyse pour les protéger tous d'une
façon égale et veiller à ce que aucune entrave, d'où
qu'elle vienne, leur soit portée.

Mais ce n'est pas tout de reconnaître les droits ou
facultés naturelles dont se compose la liberté de
l'homme ; ce n'est pas tout de prendre garde à ce que
l'exercice n'en soit pas abusif, il y a mieux à faire
pour pénétrer plus avant dans la voie du bien général.
Laisser l'individu se développer librement, l'empêcher de porter tort à autrui dans son développement
c'est simplement assurer l'ordre ; il reste à obtenir
si possible la prospérité sociale et pour cela il faut

2

aider et favoriser l'individu et la société dans leurs développements respectifs.

Il y a d'abord des mesures à prendre pour faciliter l'accomplissement des fonctions sociales, comme entre autres, l'organisation d'un état afin de diviser l'action de la société, mesures qui indirectement profiteront aux indi·idus, la société existant en définitive pour eux. Il y a aussi des dispositions à réglementer à la fois dans l'intérêt de l'individu et dans l'intérêt social, comme, par exemple, l'organisation des tutelles. Sous la réserve du respect de l'ordre, il est certain que la société trouve son compte à ce que chaque individu pousse son développement aussi loin que possible ; elle a donc ici encore un intérêt à prescrire l'observation de certaines règles dont la sagesse se résout à tous égards en une utilité incontestable.

Ainsi, après avoir pourvu à sa conservation par la reconnaissance et la réglementation de la liberté, elle travaille à sa prospérité en recherchant tout ce qui peut augmenter le bien-être individuel ou social.

Laisser l'individu se développer comme l'exigent les nécessités constitutives de l'organisme social, l'empêcher de se développer au détriment d'autrui, et enfin s'efforcer d'assurer la prospérité générale, telles sont les trois conditions essentielles de la vie et du progrès de l'individu et de la société.

Reconnaître les facultés de l'individu, c'est ce qui constitue le principe de liberté. Lui défendre de porter tort à autrui, c'est ce qui constitue le principe de justice. L'aider à prospérer, c'est ce qui constitue le principe d'utilité économique ; principes dont nous allons voir tout à l'heure se dégager clairement la nécessité et la raison d'être du droit.

La vie individuelle et la vie sociale ont leurs lois, leurs règles conformes à l'ordre naturel des choses, auquel il est nécessaire de se soumettre, afin de bien remplir le rôle et de bien atteindre le but assignés à chaque être par la nature. Ces lois et ces règles, nous en apportons vaguement la conscience en venant au monde, parce qu'elles répondent directement à nos besoins, mais nul n'en a d'une façon innée la perception nette et claire.

C'est le but des sciences morales et économiques de compléter ces vagues notions, de les préciser et de les coordonner, afin que nous puissions, en meilleure connaissance de cause, poursuivre notre bien et conformer d'une façon consciente et réfléchie notre conduite à notre intérêt dans le sens élevé du mot.

Ces sciences recherchent donc les conditions les meilleures, c'est-a-dire les plus vraies de notre développement. Elles nous indiquent, par leurs découvertes, l'ordre naturel des choses et en définitive nous enseignent notre bien.

Leurs vérités contrôlées et bien établies, il importerait à chacun de nous de nous y soumettre de notre propre mouvement. Mais sauf quelques exceptions, il ne faut point, en général, attendre de l'homme tant de sagesse et tant de vertu. Par une espèce de propension irrésistible, rarement arrêtée par le désintéressement et l'élévation du cœur, il a, au contraire, des velléités à ne pas toujours s'y conformer. Il ne dédaigne même pas de s'en écarter ouvertement à l'occasion. C'est là un danger permanent auquel il convient de remédier au moins dans la mesure du possible.

Les sciences morales et économiques ne font que nous donner un enseignement, qui pour être plein de grandeur, n'en demeure pas moins dépourvu de sanction. Et s'il fallait compter sur le seul empire exercé par cet enseignement sur l'esprit de l'homme pour le voir y adapter sa conduite, il faudrait peut-être désespérer de voir un ordre quelconque régner ici-bas. Aussi, lorsque par erreur ou par égoïsme l'individu méconnait les principes ordonnateurs des choses, révélés par les sciences sociales, il convient sous peine de laisser triompher le désordre absolu de le ramener à leur observation aussi bien dans son intérêt que dans celui de la société.

Ainsi, ces tendances à ne pas respecter les règles naturelles en certaines choses, règles qui en définitive s'imposent à nous, au respect desquelles sont liées notre existence et notre conservation, ces tendances dangereuses exigent une puissance directrice qui les corrige et les empêche, soit de se manifester, soit de se maintenir au mépris de l'ordre.

Cette puissance directrice, nous l'avons vu plus haut, appartient à la société. Elle y a un intérêt vital et un intérêt de cette nature n'est pas autre chose qu'un droit. Et l'on conçoit qu'il lui est nécessaire d'aller plus loin que ne le fait le simple enseignement des préceptes de la morale ou de la science économique. Il lui faut pour que la direction qu'elle a en vue de maintenir soit efficace, et l'autorité qu'elle prétend exercer soit réelle, employer un moyen d'obliger à l'observation des préceptes que la seule séduction de la vérité n'a pas réussi à imposer. Et ce moyen, c'est la contrainte par la force.

Le droit porte donc en lui un principe autoritaire. Mais cette contrainte qu'au nom de la Société il exerce à l'encontre de l'individu, quand la nécessité s'en fait sentir, ne procède pas d'un pouvoir arbitraire. Nous l'avons dit, le droit a pour but le maintien de l'ordre, de l'harmonie dans les rapports sociaux.

Découvrir et enseigner les vérités qui sont du ressort de leur objet, c'est là le but des sciences morales et économiques ; obliger à se soumettre à ces mêmes vérités en vue de la paix et du plus grand bien-être possible, dans la mesure où l'exigent l'existence et la conservation de l'ordre naturel sans lequel nous ne pourrions subsister, c'est là le but du droit. Il s'inspire des sciences morales et économiques dont les données lui servent en partie de fondement. Et tandis que les sciences auxiliaires du droit recherchent nos devoirs et notre intérêt dans un but d'éducation pour nous éclairer et nous donner leur précieux enseignement, reprenant leur objet, y comparant et y ramenant la réalité, le droit nous dicte des obligations. S'appuyant ainsi sur des formules qui sont la plus haute expression du vrai et du bien, il met sa puissance au service de l'intérêt commun et c'est à cette condition que, même secondé par la force et malgré son caractère autoritaire, il est raisonnable qu'il s'impose à tous étant donné l'utilité de son but et la grandeur de sa conception.

On voit par là que le droit se distingue par son but des sciences qui lui servent de guide. Il s'en distingue encore par son domaine et par son objet. Tandis que tout ce qui touche à l'ordre moral et économique, demande d'être étudié et approfondi par les sciences auxiliaires de la science juridique, le droit ne saurait étendre son empire à toutes ces matières sans exception.

En effet, s'il a pour but de maintenir l'harmonie sociale, s'il à pour but de nous prescrire l'observation de certains préceptes correspondant à l'exercice bien compris de nos facultés naturelles, il faut évidemment qu'il les sauvegarde toutes et pour cela il doit ne pas oublier qu'il en est une de fondamentale : la liberté. Dans son essence, elle est antinomique au principe autoritaire du droit. Elle consiste à pouvoir nous-mêmes pourvoir, comme nous l'entendons, et par les moyens que nous choisissons à la satisfaction de nos besoins. Et puisque ces moyens, il n'est pas dans le rôle de la Société de nous les fournir, ainsi que nous l'avons déjà dit, il est naturel qu'elle laisse toute latitude à notre initiative pour les conquérir. En tout ce qui touche à l'usage de notre liberté, la contrainte du droit ne saurait être sans porter atteinte à cette liberté même qui est un élément essentiel à l'exercice de nos facultés. L'abus seul à l'égard d'autrui peut en être réprimé parce qu'il constitue la domination d'une liberté par une autre, alors qu'au lieu de se porter mutuellement préjudice elles doivent au contraire se concilier. Et tandis que les sciences morales et économiques recherchent et nous enseignent aussi bien les règles naturelles de notre propre développement que du respect de celui d'autrui, le droit ne peut nous contraindre qu'à l'observation des préceptes qui ont pour but le respect des intérêts naturels, soit de nos semblables pris individuellement, soit de cet être qui ne se confond pas avec l'individu et qui s'appelle la société.

Ainsi les devoirs de morale se décomposent en devoirs envers Dieu, devoir envers nous-mêmes et devoirs envers nos semblables, et ceux-ci se subdivisent encore en devoirs de charité et devoir de justice. Les trois premiers touchent au simple usage de notre liberté ; nous conservons dans leur accomplissement la plus entière indépendance. Les autres touchent au respect d'autrui, l'intervention sociale s'impose en cas d'inobservation. La négligence des premiers nous atteint nous-mêmes. La société aurait bien un intérêt à les voir s'accomplir avec régularité, mais cet intérêt, elle ne saurait le faire valoir sans diminuer la somme minima de liberté nécessaire à l'individu pour exercer ses facultés et, en dernière analyse, elle a plus d'intérêt à laisser subsister intacte cette liberté qu'à la restreindre. Le mépris des devoirs de justice au contraire atteint directement et profondément la société dans un de ses membres, dont les droits sont à ce moment là méconnus.

De même dans les mesures d'utilité économique, en ce qui concerne notre intérêt individuel, notre liberté doit demeurer entière ; la société ne saurait nous imposer de règles. Elle ne peut le faire que lorsque son intérêt à elle est en jeu, comme, par exemple, lorsqu'il s'agit pour un état, fraction de la société, de s'organiser pour mieux se défendre, de prélever l'impôt, de faire prévaloir un système économique ou encore de faciliter les transactions en y apportant une clarté que les parties n'y mettraient pas elles-mêmes, comme la présomption d'option par les époux d'un régime matrimonial, toutes mesures qui ont un caractère général et commun d'utilité.

Ainsi tout ce qui est du domaine de la morale ou de la science économique ne saurait tomber dans le domaine du droit. Il y a donc des préceptes dégagés par ces sciences qui appellent la sanction du droit, d'autres avec lesquels cette dernière ne saurait aller. Et alors que les sciences auxiliaires les examinent tous parce que tous se rapportent à notre intérêt, le droit, lui, pour les motifs que je viens d'indiquer, doit délaisser certains d'entre eux. Il va donc falloir qu'il opère comme une espèce de choix, qu'il reconnaisse ceux qui doivent être sanctionnés et ceux qui ne doivent pas l'être, qu'il les sépare les uns des autres pour les attirer à lui ou les écarter. C'est là une partie de son travail scientifique; mais il n'est pas là tout entier.

La Société, avons-nous dit, puise dans la nécessité de voir les préceptes indispensables à l'ordre général reconnus et pratiqués de tous son droit de contrainte à l'observation de certaines prescriptions, mais il va de soi que si, dans un intérêt d'ordre social, il y a lieu de forcer l'individu à se conformer à tels ou tels préceptes, on ne saurait exiger de lui plus qu'il ne convient. Il s'ensuit qu'il ne suffit pas d'avoir découvert les cas dans lesquels la contrainte sociale est nécessaire, il faut encore qu'elle s'exerce avec mesure et qu'elle soit en rapport avec le but à atteindre. Or, le but du droit est double. Il doit avoir à la fois un effet préventif et un effet réparateur. Et, si en ce qui concerne l'effet préventif, il suffit que la contrainte soit assez efficace pour être prise en considération, au point de vue réparateur, il y a une précision presque mathématique à atteindre. Il y a un rapport qui existe entre la sanction de droit et l'objet à sanctionner, rapport qu'on ne saurait ni exagérer ni restreindre, sans donner immédiatement au droit un caractère trop rigoureux ou trop faible qui le dénaturerait et lui ferait manquer sa fin. La recherche de

ce rapport qui, étant donné les mêmes circonstances, doit demeurer toujours le même et constituer
ainsi le fondement d'une loi, est encore quelque chose
de scientifique dans l'édification théorique du droit.
C'est encore là une partie de l'objet du droit en tant
que science, sur laquelle du reste nous reviendrons
plus loin.

Enfin, soit que la science juridique dégage les
préceptes de morale ou d'utilité économique qui
tombent dans le domaine du droit, soit qu'elle établisse les règles à édicter et qu'elle en précise les
sanctions, il lui faut nécessairement étudier pour cela
les faits générateurs de rapports juridiques, capacité
personnelle, contrats, délits, par exemple ; il lui faut
en rechercher les conditions d'existence, la nature,
les effets, en établir la théorie. C'est par là seulement
qu'elle peut arriver à discuter les questions de son
domaine, à motiver ses opinions, à indiquer par où
et comment elles reposent sur un fondement naturel,
en un mot elle doit élaborer ses propres doctrines.
C'est la partie la plus intéressante de son œuvre,
celle qui domine les deux autres, qui leur donne la
vie et leur vrai caractère scientifique.

Dégager les préceptes dont il va lui falloir réglementer l'observation, établir cette réglementation en
se fondant sur l'ordre naturel lui-même des choses,

tel est l'objet du droit en tant que science, et s'il fallait en donner une définition, malgré l'adage courant : *omnis in jure periculosa definitio*, je dirais : que la science juridique est celle qui a pour but de rechercher parmi les préceptes de morale et d'utilité économique, ceux qu'il est nécessaire, dans diverses mesures, de soumettre à la contrainte sociale.

Connaissant maintenant ce qu'est la science juridique, nous allons pouvoir en déterminer la méthode.

L'esprit humain emploie deux procédés pour arriver à la vérité. Tantôt, partant de principes n'ayant leur source que dans la raison pure, essentiellement inhérents à l'entendement, il en tire des déductions rigoureuses, qui n'étant en définitive que l'expression sous diverses formes des vérités premières sont aussi évidentes qu'elles-mêmes. C'est l'opération du raisonnement pur, pour laquelle l'esprit doit trouver en lui-même toutes les ressources nécessaires.

Tantôt, au contraire, l'esprit humain cherche à pénétrer des phénomènes qui lui sont complétement étrangers, comme par exemple, quand il étudie les lois du monde physique. Voulant alors non plus développer dans leurs applications diverses les vérités premières qui lui sont innées, mais fixer les lois des faits qui s'accomplissent en dehors de lui et que, pour ce motif, il ignore en principe totalement, il

est absolument évident qu'il ne saurait en ce cas
trouver en lui-même aucun concept à priori. Pour
établir, par exemple, la loi de la chute des corps en
physique ou pour se rendre compte de la structure et
du fonctionnement du corps humain en histoire naturelle, il est certain qu'il a fallu étudier les faits eux-
mêmes tels qu'ils existent ou se produisent et que le
seul moyen pour l'homme de trouver la vérité a été
de fixer son attention sur ces phénomènes quand il a
voulu en posséder une exacte connaissance. Sur ce
qui se passe en dehors de lui, l'homme ne saurait, à
moins d'idées innées, posséder la science infuse ; il
ne saurait partir d'aucune donnée de raison pure et
aucun système de déduction ne peut lui être utile.
L'unique procédé est alors pour lui de considérer
avec soin le développement naturel des faits qu'il
veut approfondir. Et ce procédé s'appelle l'observation.

Déduction et observation tels sont les deux moyens
pour l'esprit humain d'arriver à la vérité. Il n'y en
a pas d'autre. Quel est celui des deux qui est propre à
la découverte des vérités juridiques ?

Nous avons dit que la science juridique a pour but,
après avoir reconnu les facultés dont se compose la
liberté d'en protéger l'exercice et d'en favoriser le

progrès ou du moins de signaler théoriquement les
moyens d'arriver à un pareil résultat.

Au lieu que les sciences auxiliaires du droit étu-
dient les lois nécessaires de la morale et de l'utilité
économique afin d'établir ce qui naturellement doit
être, la science juridique observe ce qui est en
réalité, elle le compare avec ce qui devrait être, elle
constate les différences qui les séparent, les dangers
qui peuvent en naître, et se reportant aux trois principes de liberté, de justice et d'utilité, elle signale les
moyens d'y remédier. De ce travail doivent sortir les
vérités juridiques.

Par exemple, lorsqu'on dit qu'il ne faut pas
s'approprier injustement le bien d'autrui, c'est là
une vérité de morale. C'est la règle de conduite de
l'homme, c'est la loi naturelle fixant sa manière
d'agir, c'est ce qui devrait toujours être. Mais, à
côté de la loi morale, à côté de ce qui devrait
être, il y a la réalité, il y a ce qui se passe en
fait, il y a le vol. La morale s'est prononcée en
indiquant comme un devoir le respect du bien
d'autrui. Son rôle est terminé. Celui du droit com-
mence après, et tout d'abord celui de la science
juridique.

Observant qu'un fait se produit, générateur de
trouble, elle fixe son attention sur lui, l'examine

dans sa constitution, détermine ses conditions
d'existence, le définit et après l'avoir comparé à
la loi morale et naturelle et s'être aperçue qu'il
en constituait la violation, elle se démontre à elle-
même la nécessité de le réprimer, elle en cherche
et elle en indique les moyens.

Ce travail sera suivi sans doute de la disposition législative, mais il suffit à la science de
montrer l'éloignement qui existe entre le fait réel
et la loi morale, la nécessité de garantir, dans
une espèce, l'observation de tel ou tel principe
indispensable à l'existence et à la conservation de
l'harmonie sociale, d'indiquer le remède qui est
une sanction donnée, et la vérité morale changeant
de caractère est devenue une vérité juridique,
destinée à devenir plus tard une disposition de
droit positif en passant dans la formule laconique
et autoritaire d'un texte législatif.

Mais, que la science juridique jette ses regards
sur les faits de chaque jour, qu'elle les compare
aux lois morales ou économiques, qu'elle établisse
la théorie de leurs éléments constitutifs, de leur
nature, de leurs effets, qu'elle précise les sanctions
diverses que ces faits commandent, c'est toujours
dans l'examen des faits eux-mêmes, de leur origine,
de leurs conséquences, de leurs rapports, qu'elle

doit rechercher ses vérités. Dans chacun de ses efforts, elle étudie toujours une réalité, elle est une science naturelle, et c'est la méthode des sciences naturelles qui lui convient, c'est-à-dire la méthode d'observation.

L'observation s'exerce de deux façons : en considérant les faits qui naissent d'eux-mêmes ou en provoquant la naissance de ces faits. La première méthode s'appelle l'observation pure, la seconde l'observation expérimentale.

La première seule est possible en notre matière, car le juriste n'a point la faculté de provoquer les phénomènes qui font l'objet de sa science, comme un physicien peut le faire dans un laboratoire. Nous n'avons donc pas à nous occuper de la méthode expérimentale ; seule la méthode d'observation pure doit nous retenir, celle qui consiste uniquement à examiner les faits qui se produisent dans le cours normal de la vie.

La méthode d'observation pure est tellement celle qui convient à notre science qu'il est facile de démontrer historiquement que la plupart des écoles juridiques sont tombées dans l'erreur, faute de l'avoir entrevue et employée.

Ainsi, l'école théologique ou de droit divin dont Saint Thomas, Suarez, de Bonald et Stahl sont les plus illustres docteur soutient que le Droit est une émanation de Dieu, qu'il est exprimé dans la Révélation c'est-à-dire dans ces inspirations par lesquelles Dieu aurait manifesté ses volontés souveraines. Cette doctrine n'est pas exacte. Le droit n'est pas plus dans la Révélation qu'il n'est dans la morale ou dans la science économique. Il s'appuie sans doute sur les données de ces sciences ou de la volonté divine qui en contient si l'on veut la substance, mais il va encore ailleurs trouver sa nécessité et sa raison d'être. Il repose non pas seulement sur le simple respect de ce qui est bien, mais sur des nécessités sociales, sur des réalités humaines, à savoir les façons diverses dont se manifeste librement notre activité. Et sans l'étude ou l'observation de cette dernière on manquerait d'un élément essentiel pour arriver à le dégager.

L'école autocratique, elle, professe pour système que le droit est la volonté du souverain. Cette théorie qui a eu pour défenseurs Hobbes et de Maistre est de beaucoup la plus faible et la moins scientifique de toutes. Elle fait dériver le droit du caprice et de l'arbitraire d'un homme. Elle ne mérite guère les honneurs de la discussion.

Une autre école prétend que le droit est tout simplement une convention et qu'il tire son origine du

libre consentement des hommes. C'est l'école du
contrat social à laquelle appartiennent Platon,
Grotius, Locke, Rousseau et Shopenhauer. On saisit
son erreur. L'homme ne peut vouloir que son intérêt.
Même quand il se trompe c'est encore là son but. Cet
intérêt s'impose à lui et malgré lui et comme il est
en somme réglé d'avance par l'ordre naturel des
choses, il a un fondement réel et non conventionnel.
Le droit existe donc en dehors de toute convention.
La doctrine du contrat social est du reste à l'heure
actuelle à jamais exilée du domaine scientifique.

Les trois écoles que je viens de citer ont ceci de
commun entre elles qu'elles refusent au droit une
existence cosmique. D'après elles, le droit est simplement le résultat d'une volonté. Il est tel parce que
cette volonté l'a ainsi décidé. Elle pourrait vouloir
autre chose demain ; elle pourrait changer le droit du
tout au tout et ce qu'elle élaborerait serait encore le
droit aussi bien que ce qu'elle aurait élaboré la veille.
L'erreur est manifeste. Ainsi considéré, le droit n'est
plus qu'une affaire de convention, n'ayant pas d'autre
existence que celle que lui donnerait cette volonté et
dépourvu de réalité en dehors d'elle.

D'autres écoles, au contraire, reconnaissent au
droit une existence absolue, lui accordent le caractère de quelque chose d'immanent, tirant son origine

dans l'ordre naturel du monde, que notre intelligence peut découvrir mais non inventer.

C'est là la théorie vraie des origines philosophiques du droit. Plusieurs écoles sont nées qui sont d'accord sur ce principe, mais qui diffèrent cependant d'opinions et de systèmes sur les moyens de le découvrir.

L'école spiritualiste prétend que tout en ayant une existence indépendante de nous, c'est au fond de nous-mêmes que nous découvrons le droit ; que nous en avons le sentiment et qu'il suffit à notre intelligence de débrouiller les notions qu'elle en a, pour arriver à en dégager les vérités fondamentales. En un mot, d'après ce système, le droit résiderait au fond de nos consciences et nous l'y découvririons par la Raison. C'est se faire tout simplement illusion sur la nature et la puissance de la raison humaine. Sans doute le droit doit être conforme aux lois de la raison, sans doute nous en portons, dans une certaine mesure, le sentiment au fond de nous-mêmes. Mais cette raison, mais ce sentiment quelle est donc leur origine ? La raison, en notre matière, n'est pas autre chose que la faculté de l'ordre; et le sentiment, l'expérience acquise par l'exercice de cette faculté. Et comment pourrions-nous percevoir cet ordre, comment pourrions-nous le posséder pour des faits

qui nous sont étrangers, comme les faits naturels
sur lesquels reposent le droit, si ce n'est par leur
observation directe ? La raison peut nous servir à
développer des vérités premières, mais elle ne peut
nous aider à découvrir des vérités qui consistent
uniquement en des rapports objectifs s'établissant en
dehors de nous et malgré nous. Dans son principe,
la justice est un rapport de liberté à liberté, dans ses
applications un rapport d'événement à événement.
Ces rapports existent avec les faits, par eux, en même
temps qu'eux.

C'est donc par leur observation et non par un effort
de notre raison pure que nous pouvons les apercevoir et les dégager. Et si quelquefois, dans un langage
dont le sens est mal défini, nous disons que nous
avons la conscience ou le sentiment du droit, cela
veut dire que tel rapport nous est si familier et a son
fondement dans une observation qui exige de nous
si peu d'effort, que cette dernière s'opère avec une
rapidité extraordinaire et que la proclamation de la
vérité qui en sort est pour ainsi dire spontanée. Mais
de cette rapidité d'observation il ne faut pas conclure
à l'action unique de notre raison. On ne saurait trop
le répéter, l'observation peut seule nous fournir
l'exacte perception de l'ordre naturel des choses, seul
fondement du droit. Toutes les fausses conceptions
toutes les erreurs de l'école spiritualiste ou rationa-

liste viennent de ce qu'elle fait prévaloir la raison
sur les faits eux-mêmes. On sait où conduit une
pareille exagération. Le droit romain nous en offre
l'exemple. Ce droit qui, par une ironie curieuse,
reçut, grâce à son défaut capital, le surnom de raison
écrite, *ratio scripta*, nous montre où peut mener
l'abus de la déduction et des conceptions purement
rationnelles ; il conduisait tout simplement à un
droit inapplicable, contraire à tous les besoins réels,
et que le magistrat délaissait respectueusement.

L'école rationaliste s'autorise des noms de Leibniz,
Puffendorf, Wolf, Kant, Hegel, Lassorn, Schelling,
Fichte, Krause, Tiberghien, Herbart, parmi ses plus
célèbres représentants.

Enfin, à tous ces systèmes a fini par se substituer
le vrai, celui qui consiste à rechercher le droit dans
les faits eux-mêmes, dans les faits du présent et dans
les faits du passé, dans l'actualité et dans l'histoire.
L'école qui l'a mis en avant s'appelle pour cela
école positive ou historique.

Sous l'influence du progrès nouveau, elle élargit
chaque jour ses procédés et sans sortir de l'observation
des faits, elle a, actuellement, une tendance heureuse
à joindre à l'étude documentaire la pénétration philosophique des choses. Si avant même qu'elle ait pro-
clamé sa doctrine, on n'a pas été sans user de la
méthode qu'elle préconise , il lui revient l'honneur

d'avoir nettement dégagé et précisé cette dernière.
Je n'ai pas à m'attarder sur elle, puisque c'est son
système lui-même que toutes mes explications ten-
dent à vous exposer. Qu'il me suffise d'indiquer que
Montesquieu , Burke , Savigny , Puchta , Schaffle,
Bentham, Proudhon, Comte, Bluntschli et le fameux
juriste autrichien Von Ihering comptent parmi ses
adeptes les plus imposants.

Nous allons maintenant examiner ce qu'est l'observation juridique, passer en revue sa nature, son
objet, son but, ses moyens, ses conditions d'opération,
ses qualités essentielles et ses résultats.

En quoi consiste l'observation juridique, c'est là
une question double. Il nous faut dire à la fois ce
qu'elle doit être et ce qu'elle ne doit pas être. Elle
doit être un examen attentif et impartial des faits,
de leur nature, de leur origine, des rapports qu'ils
ont entre eux et de leurs conséquences. Et il faut
(pour indiquer ce qu'elle ne doit pas être), exclure de
cet examen tout élément étranger, corrupteur de
l'observation comme, par exemple, les conceptions
métaphysiques ou à prioriques. C'a été le caractère
des premières écoles juridiques et leur défaut capital
de faire reposer leurs systèmes sur des élucubrations,
produits ténébreux et grossiers de l'imagination, ne
correspondant en rien ou en peu de chose à la réalité

des faits. Et à l'heure actuelle encore, malgré le progrès de l'esprit humain, c'est souvent une tendance de notre propre ignorance d'avoir une telle confiance en elle-même qu'elle croit pouvoir par le seul secours de la raison ou de l'expérience acquise, c'est-à-dire à l'aide des observations déjà faites mais sans recourir à d'autres, résoudre toutes les difficultés. Dangereux système, alors que l'évolution incessante des choses humaines poursuit son cours et qui nous fait accroire que nous connaissons parfaitement des faits qui nous sont étrangers et qu'il est nécessaire d'approfondir par de continuels efforts d'observation. De même que pour dégager la solution d'un procès, le juge doit examiner les faits à lui soumis sous toutes leurs faces, les pénétrer pour en faire ressortir les rapports et les faire entrer ensuite sous la formule de droit qui leur est applicable, de même le juriste, non plus pour solutionner des problèmes particuliers comme le juge, mais pour dégager les vérités fondamentales du droit, solutions elles-mêmes de problèmes généraux, doit examiner les faits sociaux dans leur nature et leurs relations. Tout ce qu'il chercherait et pourrait trouver en dehors d'eux risquerait fort de ne pas correspondre à l'ordre naturel des choses dont le droit doit être, autant que possible, la fidèle expression.

Le droit ayant pour but la réalisation la plus par-
faite possible de notre bonheur, il s'ensuit que pour
trouver ses vérités fondamentales, l'observation juridique doit porter sur les faits qui sont la manifestation naturelle de l'activité humaine se développant
individuellement ou socialement. Ayant pour fin
l'accord des libertés, la réglementation des mesures
d'utilité essentielles à la conservation et à la prospérité sociales, l'objet de l'observation qui lui sert
d'organe découvreur doit être l'étude des faits individuels et sociaux. Des faits individuels au point de
vue des droits à reconnaître, à proclamer, à protéger
et des mesures économiques à réglementer dans l'intérêt combiné de l'individu et de la société, comme
les présomptions de volonté. Des faits sociaux pour
en dégager les lois, les règles essentielles, le jeu
normal, les effets nécessaires. Ainsi un fait individuel
c'est la faiblesse de celui qui ne s'est point entière-
ment ou que faiblement développé et son inaptitude
à veiller lui-même à la sauvegarde de ses droits, d'où
la théorie de la protection des incapables. Un fait
social c'est l'existence des transactions humaines et
de leur étroite liaison dans leurs conséquences à
l'ordre public, d'où la théorie des contrats, des socié-
tés, des actions. Toutes ces formes doctrinales reposent sur des réalités et c'est sur ces réalités que doit

porter l'observation juridique, en dehors de toutes
autres préoccupations, telles que préjugés, ou conceptions a prioriques, déjà indiquées. Plus on se
rapproche des faits, plus le droit gagne en clarté ou
en exactitude. Le moindre élément étranger apporté
dans l'observation juridique la dépare et la fait se
tromper dans son objet, comme par exemple la tendance à exagérer certains éléments constitutifs des
faits qui s'appelle le formalisme et qui consiste à
ajouter à leur simplicité plus qu'elle ne contient, à
donner à une partie organique de ces faits plus d'importance qu'elle n'en a et à fausser ainsi, sous l'influence la plupart du temps d'une idée préconçue ou
d'un préjugé, leur équilibre essentiel. En droit romain,
la théorie de la mancipation, de la tradition nécessaires pour transférer la propriété n'étaient que des
exagérations de ce genre, s'éloignant de la nature
des faits, créations purement spéculatives ne correspondant en rien à la réalité. Aussi, l'esprit juridique
se ressaisissant au cours du temps et percevant
mieux la vérité, voit-on la solennité ou la complica-
tion des formes disparaître et il faut avouer que le
peu qu'il en reste aujourd'hui est encore de trop.
Spécialement une branche de notre droit contempo-
rain qui gagnerait à se rapprocher de la simplicité
réelle des faits dont elle a prétendu traduire théori-

quement l'ordre et l'enchaînement naturel c'est le
droit qui louche aux formes de procédure. En somme
les faits sont beaucoup plus simples que la reproduc-
tion qui en a été faite imaginativement pour servir
de base à la réglementation de la marche des procès.
C'est faute d'observation ou grâce à une observation
entachée de rationalisme qu'est due l'imperfection
notoire de cette partie du droit. Les lois récentes de
procédure se rapprochent davantage de la simplicité
et de la vraie méthode juridique.

 Le but de l'observation juridique est de fournir à
la science ses vérités pour que celle-ci puisse les
classer, les coordonner, en faire un tout logique et
complet. Elle doit le faire touchant les trois ordres
d'idées qui correspondent aux trois parties dont se
compose la science juridique à savoir : dégager les
devoirs et les mesures économiques susceptibles
d'être soumis à la contrainte sociale ; établir le rapport qui existe entre l'objet à sanctionner et la sanction ; étudier en eux-mêmes les faits juridiques pour
en déterminer la nature, les conséquences, les liens
de droit auxquels ils donnent naissance.

. Tout d'abord, elle doit rechercher la nécessité de
la soumission de tel ou tel précepte à la coercition
du droit, ce qui se fait, je l'ai déjà dit, par l'observation des faits de la vie individuelle et de la vie sociale

et leur comparaison, dans les limites du juste et de l'utile, aux lois naturelles. Toute manifestation de l'activité humaine, portant atteinte au maintien de la justice ou de l'ordre économique doit être arrêtée, en soumettant à une sanction l'observation du devoir correspondant. En tenant compte toutefois de ce que le principe de justice domine le principe d'utilité en ce sens que rien ne saurait se prévaloir d'un prétexte utilitaire pour aller à l'encontre du principe de justice ; que rien ne peut être utile sans être juste, ou, si l'on veut, que la justice est la première de toutes les utilités.

Ainsi, veut-on réglementer un précepte quelconque, lui adapter une sanction ? Si l'on veut faire œuvre vraiment juridique il y a une question préliminaire à se poser : Le fait à réglementer entre-t-il dans le domaine du juste ou de l'utile. Ce qui veut dire qu'il faut examiner : 1° s'il y a un droit naturel de menacé ou de violé, par conséquent un droit naturel à couvrir de la protection sociale ; 2° ou à défaut s'il y a tout au moins une mesure d'utilité qui, sous la réserve expresse de ne point porter atteinte au principe de justice, demande à être observée d'une manière générale.

Si l'on peut répondre oui à l'une des deux questions précédentes, on se trouve bien dans le domaine du droit ; sinon, il peut bien y avoir un précepte de morale de méconnu, un intérêt particulier ou un groupe d'intérêts particuliers en lutte, mais nous savons qu'il y a des limites à leur prétention de s'abriter sous la puissance du droit.

J'avais raison de dire au début de mes explications que la simple méthode de la science juridique touchait aux questions de la plus haute importance et que, pour ne préciser rien que de fort élémentaire en soi, elle a néanmoins une haute portée. Car, c'est par l'ignorance ou la méconnaissance volontaire de la règle que je viens de formuler que certaines écoles, et après elles certains partis politiques, émettent la prétention de faire entrer dans le domaine obligatoire et coercitif du droit des théories économiques, qu'il suffit de soumettre au contrôle préliminaire que je viens d'indiquer, pour s'apercevoir aussitôt, qu'en réalité, elles ne portent en elles rien de ce qu'il faut, ne réunissent aucune des conditions nécessaires, pour aspirer à l'honneur d'être reconnues comme l'expression du droit et de se voir, à ce titre, placées sous la protection de la force sociale.

En effet, en dépit des aspirations qui leur servent d'appui, il ne saurait y avoir de droit naturel violé là où un état de choses ne s'est constitué que par le libre fonctionnement de toutes les libertés. On oublie,

ou plutôt on veut oublier, que la société ne peut
garantir que des droits et non des faits. Elle garantit,
par exemple, le *droit de propriété*, mais elle ne
garantit ni ne pourrait garantir le *fait de devenir
propriétaire;* et si, par une suite de circonstances et
de hasards, ces droits se sont exercés diversement,
plus ou moins heureusement, qu'y peut-elle ? Elle ne
les a pas moins, en puissance, tous garantis d'une
façon égale. Pas de droits violés par conséquent et
c'est en vain que les théories en question essayent de
se prévaloir du principe de justice.

D'autre part, l'utile pour entrer dans le domaine
du droit, doit, comme nous l'avons vu, présenter un
caractère de généralité tel qu'on puisse, *à priori*, en
prescrire l'observation à tous sans qu'il y ait un seul
droit d'atteint. On ne saurait poser théoriquement,
et en thèse générale, que la constitution de l'Etat, la
perception de l'impôt, la prescription de mesures
d'hygiène, la fixation de la majorité à tel ou tel âge,
soient des mesures pouvant porter tort à qui que ce
soit. Elles se résolvent en dispositions devant servir
les intérêts de tous. Elles peuvent entrer dans le
domaine du droit. La subordination de l'utile au juste
et la prédominance de ce dernier sont respectées.
Mais ce n'est nullement le caractère des mesures qui
feraient volontiers table rase de droits acquis. On ne

saurait par la violation de droits arriver à l'établis-
sement d'une prétendue utilité ; cette dernière perd
d'abord son caractère en n'étant point générale et se
réduit à une lutte de prétentions particulières ;
ensuite elle ne saurait être au mépris de principe que
l'utile (ou pour être plus exact une soi-disant mesure
d'ordre économique) ne doit jamais constituer une
violation de la justice.

Ainsi, pas de principe de justice à invoquer, car il
n'y a pas de droit menacé ou méconnu ; pas de principe d'utilité à mettre en avant, les conditions exigées
par la science ne se rencontrant pas, et, à moins de
violence manifeste, pas de contrainte sociale possible. En dehors, de toute discussion de fond, c'est
pour ainsi dire une fin de non recevoir qu'on peut
opposer à ces théories et la méthode seule suffit à
démontrer que tout accès leur est fermé sur le
terrain scientifique du droit.

Quand un principe de justice ou d'utilité économique a été reconnu susceptible d'être soumis à la
contrainte sociale, pour que son érection en règle obligatoire pour tous ne reste pas à l'état de simple
conception théorique, il va falloir lui adapter une
sanction.

Il est nécessaire, nous l'avons dit, que cette sanction soit en rapport avec l'objet à sanctionner. La

justice consistant à ne point porter tort à autrui ou à réparer ce tort une fois causé, il s'ensuit que cette réparation doit correspondre exactement au dommage subi. Il y a là un rapport mathématique. C'est encore à l'observation juridique de le rechercher et de l'établir.

On a dit, avec raison, que tout problème juridique se réduit à une équation. En effet, l'ordre naturel des choses implique l'égalité de droit. Quand un droit est violé, c'est l'équilibre de l'équation juridique qui est rompu. Il faut le rétablir en ramenant le terme déplacé à sa place ou son équivalent. Seulement, comme nous ne sommes point ici en face de choses exactes, il faut au préalable en déterminer la valeur.

Ainsi, quand par son fait, un individu cause un préjudice à autrui, la valeur de ce préjudice est sortie des mains de celui qui l'a souffert. L'égalité de droit est détruite. Il faut faire rentrer dans le patrimoine de celui qui a éprouvé le dommage la valeur qui en est sortie. Mais tout d'abord il faut la déterminer.

Quelquefois l'infinie variété des espèces qui peuvent se présenter, fait qu'on ne peut d'avance établir le rapport de sanction en vue de toutes les hypothèses possibles. On se contente alors d'une formule générale laissant la plus grande latitude au juge du fait, comme en matière de dommages intérêts, par exemple. Mais, souvent la science et le législateur après elle, arrivent à se rendre un compte exact du rapport en question. Ainsi, en matière pénale, la sanction est toujours indiquée d'avance, avec des tempéraments propres aux espèces. Indiquée ou non par anticipation, il faut qu'elle représente aussi exactement que possible le terme reconstitutif de l'équation.

Enfin, par l'observation juridique on édifie la théorie des faits générateurs de droits. Le droit trouve dans ses sciences auxiliaires une partie de son fondement. Mais il ne consiste pas uniquement à mettre en formule obligatoire les données de la morale ou de la science économique. Avant de sanctionner tel ou tel précepte, il lui faut rechercher et préciser les conditions de fait qui l'entourent et qui sont l'occasion de son application pratique. Si, par exemple, la morale proclame que c'est un devoir de tenir sa parole une fois donnée, si la science économique prône la liberté des conventions, le droit tout en sanctionnant ces principes, établit la théorie générale des contrats. De sorte que, non seulement il érige en règle obligatoire l'observation de l'engagement libre, non seulement il protège la liberté des conventions, mais de plus, il détermine les conditions dans lesquelles il y a une parole donnée, une convention libre, en d'autres termes, il établit les conditions d'existence et de validité et les effets essentiels ou naturels des contrats et il ne viendrait certainement à l'idée de personne de faire entrer de pareilles théories, qui appartiennent exclusivement au droit, dans le domaine de la morale ou de l'économie politique. Le droit a ses propres théories qui lui donnent une existence distincte de celle des sciences qui lui servent d'auxiliaires.

C'est par l'examen des faits sur lesquels reposent ces théories, c'est-à-dire par l'observation qu'on arrive à dégager ces dernières. C'est par l'étude attentive des transactions humaines, pour en revenir toujours au même exemple, qu'on a pu édifier l'ensemble des règles scientifiques qui président à la confection, à l'interprétation, à l'extinction des contrats. Et ainsi, l'observation juridique descendant plus profondément que les sciences auxiliaires du droit, dans les faits eux-mêmes, va rechercher ce que ces dernières n'auraient pu examiner sans déroger. Arrivons maintenant aux moyens dont dispose l'observation juridique pour atteindre son but.

Parmi ces moyens il en est deux, tout d'abord, qui sont à la portée de toute observation, je veux dire l'analyse et la synthèse, l'observation de détail et l'observation d'ensemble. Je les signale parce qu'elles

prennent en notre matière une importance spéciale,
sur laquelle je reviendrai plus loin en étudiant les
qualités d'une bonne observation juridique.

J'ai déjà dit qu'il fallait exclure l'expérimentation
de l'observation juridique, c'est-à-dire le procédé
qui consiste à provoquer un phénomène pour en
suivre de près les phases et le développement. Le
Juriste manque de ce moyen d'observation. Il ne
peut attacher son attention que sur les faits qui
naissent et se développent sous ses yeux, en dehors
de lui. Cependant, de ce que l'expérimentation n'est
pas à la portée de l'observation juridique, il lui arrive
parfois de tirer des leçons profitables de certaines
expériences.

Ainsi, il se produit assez souvent qu'un texte
législatif amène avec le temps des effets contraires à
ceux qu'on en attendait. C'est évidemment qu'il repo-
sait sur les données d'une observation fausse ou
erronée. Une expérience a eu lieu en pareil cas. Elle
n'a été faite ni par le juriste, ni pour lui, elle a été
faite par le législateur en vue de consacrer le droit.
Mais elle n'en profite pas moins à la science qui procède, en l'espèce, à l'aide de la critique expérimentale.

L'observation juridique peut encore être objective
ou subjective. Objective quand elle porte directe-

ment sur le fait que l'on veut étudier. Subjective quand au lieu d'analyser un fait étranger à soi-même on tire au contraire de son propre sentiment la loi qui le régit. Ainsi, quand on dit que les époux sont censés avoir adopté tel ou tel régime matrimonial, quand ils se sont mariés sans contrat, on fait de l'observation subjective. C'est d'une espèce de supposition toute intérieure que découlent de pareilles règles et non de l'observation directe des faits. Toutes les lois interprétatives de volonté procèdent d'une observation de ce genre. C'est un moyen peu sûr, dont on est en droit de se méfier quelque peu, et qui ne constitue guère qu'une manière d'éviter les difficultés de l'observation directe. Ses résultats peuvent très bien ne correspondre en rien à la réalité des faits. Quelquefois pourtant elle est d'un usage inévitable.

Enfin l'histoire et les leçons qu'elle comporte fournissent encore au juriste d'utiles éléments d'observation. Ce que le droit a été lui montre ce qu'il peut être et ce qu'il ne doit pas être. Et l'observation du passé jointe à celle du présent est un moyen fécond et sage pour édifier le droit de l'avenir.

Dans quelles conditions doit se faire l'observation juridique ? Ici, il y a à distinguer ce qui ressortit

au domaine du juste de ce qui entre dans le domaine
de l'utile. Le principe de justice qui consiste à ne
porter tort à son semblable ni dans sa personne ni
dans ses biens est dans sa simplicité absolu, immua-
ble, universel. Tout ce qui entrave le développement d'une faculté naturelle, tout ce qui empêche
l'exercice d'un droit légitime, tout ce qui tend à
diminuer, au profit de quiconque, la liberté ou la
personnalité humaines, doit être radicalement
arrêté dans ses progrès et dans ses effets. Le principe
de justice ne saurait souffrir de tempérament. Celui
seul qui l'entrevoit avec son caractère absolu est
dans le vrai. Les droits de l'homme établis, il est
facile de poursuivre l'application du principe de
justice, il se résume dans le respect de tous ces
droits sans exception. Il est vrai en tout temps,
en tous lieux, en toutes circonstances données.
Ce qui est juste ici, doit être juste partout. Il ne
saurait y avoir deux conceptions de la justice.

L'utile, au contraire, est plus compliqué. De sa
nature, il est relatif, variable, contingent. On conçoit très bien que ce qui revêt un caractère d'utilité
dans un pays, puisse ne pas le conserver dans un
autre. Une nation qui a les moyens de se suffire
en tout à elle-même peut se permettre d'être
protectionniste ; telle autre trouvera mieux son

compte au libre-échange. Un pays où le développement physique de l'individu est plus rapide qu'ailleurs fixera plus tôt la majorité de ses nationaux.
Tel autre, dans des conditions climatériques diffé-
rentes, la fixera plus tard. L'utile est quelque chose
d'essentiellement relatif. Il s'ensuit que dans son
domaine, l'observation doit se faire dans des conditions de temps, de lieu, de personnes, d'âge, de
mœurs, inhérentes mêmes à son essence.

En ce qui concerne le principe de justice, ces
conditions disparaissent toutes en ce sens que pour
trouver [la formule théorique de ce qui est juste,
on n'a aucun compte à en tenir. Et loin de laisser
croire à la supériorité d'un certain scepticisme qui
voudrait, même sur le terrain de la justice, qu'une
vérité pût changer de caractère en franchissant
les limites du lieu où elle est née, on doit au
contraire proclamer l'unité de la justice, qui sert
d'assises à notre connaissance du bien et du mal,
nous rend plus confiants en nous mêmes quand
nous l'avons découverte et nous procure cette
satisfaction immense et profonde que nous éprou-
vons toujours en face d'une éclatante vérité. Le
fameux précepte : vérité en deça erreur au delà a
du vrai, en ce qui touche le domaine de l'utile, en

ce qui concerne la justice, il est une hérésie philosophique.

. S'il était un peuple qui tolérât le meurtre ou qui permît la violation des liens presque sacrés des contrats, qui oserait affirmer qu'il est en droit d'avoir une conception de la justice différente de la nôtre ? Et s'il est des pays qui légitiment encore certaines profanations de ce principe en maintenant des institutions comme l'esclavage ou la polygamie, n'est-ce point par un relâchement de morale ou par une ignorance invétérée auxquels nous sentons bien que nous sommes supérieurs ? Il n'y a pas là une simple différence de conception, il y a un véritable aveuglement ou un égoïsme profond chez ceux qui persistent dans leurs erreurs.

Pour produire les résultats que l'on attend d'elles, l'observation juridique doit réunir certaines qualités. J'ai signalé tout à l'heure l'analyse et la synthèse comme procédés d'observation. J'indique maintenant comme qualités de cette dernière le fait de répondre aux conditions que ces procédés supposent.

Les faits qui servent d'objet à l'observation du juriste sont enchevêtrés avec une extrême complexité, ils ont entr'eux des rapports multiples et resserrés, et chacun d'eux pourtant a une existence propre et distincte. Il est nécessaire, d'une part, de

séparer les phénomènes à étudier les uns des autres,
de les tirer de la confusion dans laquelle ils se présentent, et d'autre part, de ne jamais perdre de vue
les liens qui les unissent, de les rapprocher après les
avoir séparés, afin de leur restituer leur caractère et
leur vrai rôle. Tout, en droit, se tient, car tout dans
la vie sociale a un rapport avec quelque autre chose,
et l'observation de détail ne sera utile que si elle est
suivie d'une vue d'ensemble, si elle cadre avec elle
et réciproquement. L'observation juridique doit être
encore, et ce sont là deux qualités fondamentales,
opportune et complète.

Il y a profit évidemment à ce qu'une découverte
soit accomplie le plus tôt possible, mais tandis que
bien des sciences ont en somme le temps pour elles
et que, leur matière subsistant, elles peuvent à la
rigueur accomplir demain le progrès qu'elles n'ont
pas réalisé aujourd'hui, la matière du droit est au
contraire essentiellement mouvante. Les besoins,
surtout à l'heure actuelle, naissent et se transforment
avec rapidité. Telle observation dont l'aliment n'était
seulement pas né hier, s'imposerait aujourd'hui, sera
tardive demain et constituera déjà un anachronisme,
si une nouvelle transformation est en voie de s'opé-
rer. Le théoricien du droit doit être en observation
constante s'il veut suivre l'évolution des faits eux-

mêmes. C'est souvent pour ne pas apporter à sa tâche cette assiduité que le législateur, théoricien du droit dans l'instant qui précède la confection de la loi, néglige des besoins réels et oublie de les réglementer, laissant subsister soit des lacunes, soit des dispositions vieillies ne répondant plus aux nécessités de l'heure présente. C'est dans ces circonstances qu'on a pu voir le pouvoir judiciaire empiéter sur les attributions du pouvoir législatif et faire la loi lui-même, au mépris du principe constitutionnel de la séparation des pouvoirs. La Cour de Cassation s'est mise à plusieurs reprises dans ce cas et, quoi qu'on en dise, le fait constitue une anomalie qu'on ne saurait approuver. Il faut que l'observation juridique s'exerce en temps voulu. Agir contrairement, ou même ne pas agir du tout, c'est mal répondre aux exigences des faits et de la science.

L'observation juridique doit de plus être complète. Etre incomplète est son plus fréquent et son plus grave défaut. C'est celui qui engendre les plus déplorables erreurs. Une observation incomplète ne peut donner lieu qu'à des conclusions défectueuses. C'est, par exemple, d'une juste observation juridique d'affirmer la nécessité pour la bonne harmonie sociale de payer intégralement ses dettes. Si l'on s'en était tenu à cette simple formule, l'observation eût été

incomplète, car si c'est un principe de justice de
s'acquitter de ce que l'on doit, c'en est un aussi de
ne point soumettre trop durement le débiteur mal-
heureux à la contrainte sociale. Et tandis qu'une
observation rudimentaire, s'en tenant à la rigoureuse simplicité d'un fait, l'obligation formelle du
débiteur, avait donné naissance jadis à un droit écra-
sant pour ce dernier, qu'on allait jusqu'à charger de
chaînes et que l'on tuait même pour se partager sa
dépouille mortelle, une observation plus exacte, en
dehors de la question d'humanité, plus adéquate à la
réalité des faits et se rapprochant davantage de la
véritable expression de la justice, a donné petit à
petit naissance aux théories du terme de grâce et
même d'une certaine remise de la dette, comme dans
le cas de concordat. Cet exemple est simple, mais
parfois les choses sont plus compliquées, surtout en
ce qui touche les dispositions que la science juridi-
dique recueille de la science économique. C'est un
procédé courant, dans cet ordre d'idées, qu'une simple
manifestation plus ou moins bruyante d'intérêts tient
lieu d'observation et il suffit bien souvent qu'un
groupe d'individus demandent qu'une solution soit
arrêtée dans tel ou tel sens pour qu'aussitôt, le méca-
nisme politique aidant, un courant favorable se crée
en leur faveur dont la tendance est de provoquer une

législation conforme à leurs désirs. On en arrive à établir ainsi très souvent, une mesure générale commandant le respect de tous, et qui ne sauvegarde qu'un certain nombre d'intérêts, sans qu'on se soit le moins du monde soucié de tenir compte des intérêts voisins ou opposés.

De pareils procédés donnent naissance à des théories entachées d'un exclusivisme dangereux et qui du reste, il faut bien le reconnaître, n'est pas toujours désintéressé ou inconscient chez ceux qui en sont cause. Je sais que pour éviter la critique en pareille occurence, on a bien vite fait de répondre par l'adage vulgaire que s'il y a quelques intérêts de blessés, il ne faut pas s'en émouvoir trop, l'intérêt particulier devant le céder à l'intérêt général. On abuse de cette formule. On oublie qu'en définitive l'intérêt général, celui qui peut pénétrer dans le domaine du droit, doit être la résultante de tous les intérêts particuliers sans exception ; qu'il ne faut pas confondre intérêt d'une majorité avec intérêt général, que le premier n'est jamais qu'une collection d'intérêts particuliers opposés à d'autres intérêts particuliers et que c'est leur conciliation qui sera la vraie, la seule formule de l'intérêt général ; que jamais une antinomie quelconque n'a existé entre l'intérêt particulier et l'intérêt général ; que hautement entendus, saine-

ment et scientifiquement compris, ils doivent marcher dans une étroite et constante harmonie ; qu'en
disant que l'intérêt particulier doit le céder à l'intérêt
général, de deux choses l'une : où l'on prend ces deux
termes dans leur sens exact et l'on émet une fausseté
car le droit a pour but la conciliation de tous les
intérêts et non le sacrifice de quelques uns au profit
de quelques autres ; ou l'on prend les mots d'intérêt
général dans le sens d'intérêt de majorité et l'on émet
alors une monstruosité juridique, car ce n'est plus ni
la justice ni le droit que de subordonner violemment
le plus petit au plus grand nombre, le plus faible au
plus fort, cela consiste simplement à violer des intérêts particuliers au profit d'autres intérêts particuliers. C'est l'injustice érigée en règle. Et c'est là que
mène inévitablement le caractère incomplet, volontaire ou non, de l'observation juridique.

Mais lorsque cette dernière réunit toutes les qualités qui lui sont nécessaires, elle produit alors d'ex-
cellents résultats. L'observation puisant la vérité
dans les faits eux-mêmes, libère l'intelligence
humaine du joug des conceptions à prioriques et de
la tyrannie d'une raison trop spéculative qui ne peut
servir qu'à construire un semblant de science aux
formules vaines, dont l'inanité ne répond nullement
à leur destination pratique. Le caractère ultra-théo-

rique de ces formules défectueuses les isole des faits
et les fait même aller nettement à leur encontre. On
a une preuve frappante dans le droit romain de la
valeur des conceptions juridiques purement rationnelles auxquelles le préteur est constamment obligé
d'apporter des rectifications parce qu'elles sont loin
de s'inspirer des nécessités réelles. Je parle du droit
romain parce qu'il constitue dans cet ordre d'idées
l'exemple le plus topique, mais notre droit n'est pas
exempt de pareilles dispositions. Beaucoup de présomptions, notamment certaines qui servent de bases
à des sûretés réelles, sont des conceptions rationnelles, inexactes dans leur fondement, exorbitantes
dans leurs effets. Leur suppression constituerait un
progrès.

L'observation juridique, en étudiant les faits, par
la détermination de leur nature, de leurs conditions
d'existence, de leurs effets nécessaires, résout à
l'avance les problèmes généraux du droit si usuels
qu'ils s'établissent en théories. Elle en pose les
données, en solutionne une fois pour toutes les difficultés. Mais tout problème particulier peut entrer
dans un problème plus général. Il est l'espèce d'un
genre. Et la solution de celui-ci sert évidemment à
la solution de l'autre. En un mot, elle procède par
degrés et restreint chaque fois le domaine de l'in-

connu. Ainsi par une observation générale des trans-
sactions humaines, on est arrivé à édifier la théorie
générale des contrats ; puis, on a procédé de même
pour certains contrats spéciaux très fréquents la
vente, le louage, le dépôt, etc..., et enfin de même
pour les diverses espèces de ventes, de louages, de
dépôts, résolvant chaque fois et à jamais une série
de difficultés, et ainsi descendant de difficultés générales à d'autres qui le sont moins et cela autant qu'il
est possible de le faire par anticipation, on réduit
chaque fois le terrain qu'il peut rester encore à explo-
rer à notre propre ignorance, renonçant à le pénétrer
en ce qui concerne seulement les problèmes trop particuliers impossibles à prévoir. Et c'est ainsi par la
coordination de ces solutions anticipées de difficultés
fréquentes et pratiques, qui ne sont autre chose que
des vérités, que se constitue une science.

Telle est, Messieurs, la méthode de la science
juridique. Elle est le fruit d'un patient labeur et de
plusieurs siècles de recueillement de l'intelligence
humaine. Car la méthode d'une science ne se décou-
vre guère qu'après un certain temps d'existence de
cette dernière. En droit, comme, dans beaucoup de
choses, la pratique a précédé la théorie. La méthode,
je le répète, ne remplace pas le génie, mais elle l'aide
puissamment. Elle nous facilite le travail et nous

rend plus parfaitement conscients de ce que nous
faisons en nous rappelant constamment les principes qui doivent nous diriger dans l'œuvre que nous
poursuivons. Jamais son utilité ne s'est fait sentir
davantage. Dans une science, comme le droit qui
n'est pas seulement le domaine de quelques uns mais
à laquelle collabore la masse entière, soit par la
manifestation de ses tendances, soit par l'exercice
des droits politiques, on ne saurait trop se rendre un
compte exact des procédés qui peuvent nous aider
à la recherche de la vérité. L'erreur ou l'égarement
du plus grand nombre présentent de grands dangers;
ils sont plus à redouter que ceux d'un savant isolé
réduit à sa seule personnalité. Et si l'on ne peut affirmer que les régles d'une méthode scientifique puissent
avoir grand empire sur les mouvements de la masse,
au moins elles nous mettent en mesure d'en signaler
et d'en rectifier les défectuosités.

Le droit est une science populaire. Chacun est
porté à son sujet d'émettre sa pensée, de défendre
son idée, son intérêt, de prôner ses aspirations ; sans
épuration scientifique, tout cela n'arriverait à former
qu'un mélange désordonné, qu'un chaos d'anarchie
intellectuelle.

Si, de plus, on tient compte de l'extension toujours
croissante, en raison des besoins nouveaux et des

complications de la civilisation, des matières propres
à devenir l'aliment de la science , on saisira combien
de jour en jour s'impose davantage le besoin de syn-
thétiser, de dominer ce que nous faisons. Une bonne
méthode peut seule nous amener à ce résultat. C'est
d'elle que dépend l'avenir de la science, et en matière
de sciences sociales, à ce dernier sont liés l'avenir du
pays et le progrès de l'humanité.

MONSIEUR LE BATONNIER,

Permettez-moi de vous exprimer la satisfaction
profonde que nous a causée à tous votre élection au
Bâtonnat.

Les fonctions nouvelles dont vous êtes investi
augmenteront encore, j'en suis sûr, les sentiments
affectueux que nous professons tous à votre égard.
Nul de nous n'ignore qu'elles sont toutes de dévoue-
ment, souvent délicates et difficiles, toujours absor-
bantes. Aussi en charge-t-on ceux que l'on sait capa-
bles de répondre à leurs exigences. L'Ordre des
Avocats de Marseille, ne pouvait exercer un meilleur
choix, dicté, depuis bien longtemps du reste, par le
sentiment général. Il l'a fait avec une spontanéité
que je me plais à relever, car elle est le couronne-

ment significatif d'une carrière exemplaire de haute probité et de talent.

Si ce n'est pas toujours un mal d'être discuté, c'est sûrement un bien de ne jamais l'être, et à ce point de vue, vous me permettrez, Monsieur le Bâtonnier, de saluer en vous, celui vers lequel sont allés, avec une unanimité touchante et solennelle, tous les suffrages de ses pairs.

Je vous souhaite, Monsieur le Bâtonnier, de recueillir longtemps parmi nous les témoignages d'estime et de considération dont vous y êtes entou-ré et qui ne sont que la récompense méritée d'une haute distinction d'esprit et de rares qualités de cœur.

MAITRE PLATY-STAMATY,

Je ne veux pas laisser passer l'occasion qui m'en est offerte, de vous exprimer toute la reconnaissance à laquelle vous avez droit de notre part pour l'attachement et la bienveillance que vous avez apportés, durant vos années de bâtonnât, à vous acquitter des lourds devoirs qu'il impose. Spécialement mes confrères du stage et moi, nous souviendrons toujours de la sollicitude paternelle, avec laquelle vous vous êtes intéressés à nos efforts de débutants.

Aujourd'hui vous avez dû céder la charge à votre successeur, mais, les fonctions cessant, il nous reste toujours le maître affectionné auquel je suis heureux de pouvoir adresser les mêmes vœux et les mêmes souhaits que je formulais tout à l'heure à l'égard de Monsieur le Bâtonnier.

MES CHERS CONFRÈRES,

La mort nous a cette année ravi deux confrères, Mᵉ Filippi et Mᵉ Chabert, tous deux à un âge où ils pouvaient s'attendre, comme nous l'espérions du reste nous-même, à fournir encore une longue carrière.

Vous savez les vertus privées et professionnelles de ces regrettés disparus. Je laisse à des bouches plus autorisées le soin de les rappeler. Pour moi, je veux simplement évoquer la philosophie de ces événements douloureux, chaque chose portant en soi son enseignement, et constater avec vous que la briéveté de la vie peut encore être interrompue plus tôt que nous le croyons ; qu'il nous reste en somme ici-bas tout juste le temps de nous aimer et que nous ne saurions trop resserrer entre nous ces liens d'affectueuse confraternité qui constituent le charme le plus exquis de la profession. Je dois ajouter, du reste, que c'est chez nous une tradition de les entretenir ; qu'ils n'y font jamais défaut et qu'en particulier les nouveaux venus parmi vous trouvent, d'une façon générale, auprès de leurs aînés, le commerce le plus touchant et le plus encourageant d'une amitié consolidée par une réciproque considération.

Mes Chers Confrères du Stage,

Je vous remercie cordialement de la marque de sympathie que vous m'avez témoignée en m'élisant lauréat de la Conférence des Avocats. S'il est dans tout succès une part de bonheur qui nous défend d'en tirer une vanité quelconque, au moins est-il permis d'en conserver en soi le souvenir. Je vous affirme qu'il ne s'effacera jamais de ma mémoire.

ORDRE DES AVOCATS DE MARSEILLE

Extrait des Délibérations du Conseil de Discipline

SÉANCE DU 22 JANVIER 1897

Présidence de Me DROGOUL, bâtonnier,

La séance est ouverte à 9 heures et demie du matin sous la présidence de Monsieur le Bâtonnier :

Sont présents : MMes DROGOUL, Bâtonnier ; LEGRÉ, ESTRANGIN, PLATY-STAMATY, anciens Bâtonniers; TALON, PÉLISSIER, COUVE, GIRAUD, CORTICCHIATO, THIERRY, BOREL et SEGOND.

Me TALON, au nom de la Commission chargée d'examiner le discours prononcé par Me RIPERT à la séance de rentrée de la Conférence des Avocats stagiaires, fait un rapport concluant à l'impression du discours aux frais de l'Ordre, eu égard aux sérieuses qualités de forme et de fond qu'il présente, et sans avoir à prendre parti sur les opinions qui y sont exprimées.

Sur quoi, après avoir délibéré, et conformément à l'article 13 du règlement de la Conférence du Stage, le Conseil décide à l'unanimité que le discours de Me RIPERT sur la " Méthode de la Science Juridique " sera imprimé aux frais de l'Ordre des Avocats.

POUR EXTRAIT CONFORME :

Le Secrétaire,   Le Bâtonnier,

A. SEGOND.   Lucien DROGOUL.

www.ingramcontent.com/pod-product-compliance
Lightning Source LLC
Chambersburg PA
CBHW070815210326
41520CB00011B/1960